LES FORÊTS TROPICALES

Martin Banks

SOMMAIRE

Introduction	4
Les forêts tropicales dans le monde	6
À quoi ressemble la structure d'une forêt dense ?	12
Les mammifères des forêts denses	16
Des oiseaux par milliers	20
D'autres créatures inhabituelles	22
Des forêts et des hommes	26
Des forêts en voie de disparition	30
Préserver les forêts	38
Glossaire	46
Informations diverses	48

Ce livre a été réalisé par :
Dimidjian - Jacana pour la photo de couverture
Gilbert Guédon pour la maquette de couverture
Dominique Boutel pour la traduction
Laure Chemery et Pascal Chevallier pour l'adaptation française

ISBN 2.7002.1059 X

© RAGEOT Éditeur - Paris 1990 © WAYLAND Publishers LTD - England 1989
Loi n° 49 956 du 16-7-1949 sur les publications destinées à la jeunesse. Tous droits de reproduction, de traduction et d'adaptation réservés pour tous pays.

PRÉFACE

Je ne suis jamais allée dans une forêt tropicale. Pas l'occasion, pas le temps...

À dire la vérité, elle me fait peur. Peur de toutes ces lianes qui pourraient m'entraver, de toutes ces bestioles grouillantes, venimeuses, féroces... et de cette humidité porteuse de fièvre. L'enfer en un mot. D'ailleurs, on la surnomme fréquemment « l'enfert vert ».

C'est pour cela — j'en suis certaine — qu'on la saccage. Pour le mystère et l'inquiétude qu'elle transpire. Au-delà de toutes les raisons économiques et sociales.

Car depuis toujours, nous n'avons eu de cesse de détruire ce qui nous dérange, nous effraie ; ce que par incompréhension nous ne pouvons maîtriser.

Voyez comme, en France, on a éliminé les loups, ces « créatures diaboliques », ou les ours des Pyrénées, accusés d'enlever les jeunes filles. Voyez même le sort réservé aux premiers astronomes, ces « hérétiques » qui prétendaient que la Terre était ronde !

Nous avons tous des a priori idiots. Moi la première.

Pourtant, est-ce parce que je suis géographe (de formation), journaliste (de profession) ou tout simplement curieuse (de nature), j'aime avant tout apprendre et comprendre. Surtout lorsqu'il s'agit d'histoire(s) naturelle(s). Je me régale d'écouter les savants et, à défaut, de les lire.

Alors j'ai lu cet ouvrage. Celui-là même que vous venez d'ouvrir.

Et là, j'ai tout compris, j'ai appris : à quoi ressemble une forêt tropicale, ce qu'elle recèle, comment elle vit et fonctionne, comment on l'exploite, comment on la tue, à grand et petit feu. C'est fou ce qu'on peut raconter en 48 pages, lorsqu'on écrit aussi bien. C'est simple, c'est clair, direct, informatif, évident. Après cela on ne peut que se demander : « Mais alors, qu'est-ce que je peux faire ? » Même à cette question, il y a une réponse (allez donc voir page 45).

En revanche, Martin Banks ne vous donnera pas de leçons.

Il décrit et explique, sans pleurnicherie. Pour que chacun puisse se forger une opinion et prendre position, librement.

Il nous apporte juste la connaissance. C'est tout et ça suffit.

Car la Nature, il suffit de la connaître et de la comprendre pour avoir envie de la protéger.

BÉATRICE LE MÉTAYER — CANAL +

INTRODUCTION

Il y a quelques années, j'ai fait partie d'une expédition qui explorait les reliefs de l'Inde du Sud-Ouest à la recherche d'une espèce rare de singes vivant dans les forêts tropicales de cette partie du monde. En pénétrant dans la forêt, la lumière du soleil s'atténue, filtrée par l'épais feuillage. Nous nous sommes retrouvés dans une région surplombée par d'énormes arbres à petites feuilles persistantes et aux troncs festonnés de plantes grimpantes et de vigne vierge. A leurs pieds, poussait une couche d'arbustes et de fougères d'où jaillissaient des papillons aux couleurs éclatantes et des oiseaux tels les gobe-mouches.

Nous espérions voir des singe-lion, une espèce rare de macaques de l'Asie du Sud-Est. Nous avons passé des heures à avancer lentement à travers l'épaisse forêt, scrutant les hautes branches des arbres faiblement éclairées où nous savions que les singes pouvaient se trouver. Nous avons fini par en repérer quelques-uns et nous avons pu les observer de près tandis qu'ils se nourrissaient et se déplaçaient d'arbre en arbre. C'était un groupe dans lequel se trouvaient de nombreux petits. Leur avenir est assuré, avons-nous pensé puisque cette forêt fait partie d'une réserve naturelle protégée. Le groupe de singes a fini par

Les forêts tropicales sont parmi les habitats les plus riches du monde. Elles contiennent une incroyable variété de vie animale, en particulier de nombreux mammifères vivant dans les arbres comme ce singe-écureuil d'Amérique du Sud.

Certaines forêts denses ont déjà été complètement détruites ainsi que la faune qu'elles abritaient.

disparaître et nous avons atteint la lisière de la forêt. En émergeant dans la lumière éblouissante du soleil, nous avons découvert un spectacle de complète dévastation. Aussi loin que portait le regard, et dans toutes les directions, il ne restait pas un seul arbre, le sol était couvert des racines et des souches de ceux qui avaient été abattus. D'immenses tas de bois se dressaient, attendant d'être transportés ailleurs. Seuls quelques grands arbres isolés étaient encore sur pied çà et là, témoins des ravages qui s'étendaient autour d'eux. Il n'y a pas si longtemps, cet endroit était sans doute, complètement recouvert par la forêt dense. On avait commencé par déboiser le flanc inférieur de la montagne afin de créer des plantations de thé. A présent, même les forêts des hauts versants étaient abattues, ne laissant plus que quelques parcelles boisées. Plus tard, nous avons découvert que, bien qu'il s'agisse d'une réserve zoologique, la forêt que nous avions visitée recouvrait une surface de moins d'un kilomètre carré. Nous nous sommes demandés avec tristesse combien de temps les singes, les autres animaux et les plantes que nous avions vus, pourraient continuer à survivre dans ce minuscule îlot de forêt dense.

Ceci se déroulait dans la forêt indienne, mais on pourrait raconter la même histoire à propos des forêts denses d'Afrique, d'Amérique du Sud ou d'Asie du Sud-Est.

Toutes les forêts denses du monde sont menacées de destruction et leur survie reste un point d'interrogation. Ce livre a pour but d'expliquer pourquoi les forêts denses sont indispensables, les dangers qu'elles courent et ce qu'on peut faire pour les sauvegarder avant qu'il ne soit trop tard.

LES FORÊTS TROPICALES

Il existe de nombreux types de forêts denses. Cette photographie prise en Équateur, montre l'incroyable variété d'arbres qui poussent dans les forêts tropicales.

QU'EST-CE QU'UNE FORÊT DENSE ?

Les forêts denses forment les habitats les plus riches et les plus variés qui existent encore de nos jours sur notre globe. On les trouve sous des latitudes tempérées et tropicales du globe, mais les forêts tropicales, situées plus près de l'équateur, sont celles qui contiennent la flore et la faune les plus abondantes.

La description la plus ancienne que nous possédions sur l'apparence et l'atmosphère d'une forêt dense nous est donnée par Christophe Colomb. Grâce à son périple autour du monde, il ouvrit de nouvelles routes commerciales et maritimes. Connu surtout pour son expédition vers les Amériques, C. Colomb fut également le premier Européen à découvrir les Antilles. En 1492, il accosta dans l'île montagneuse d'Haïti. En pénétrant dans ses forêts denses, il décrivit magnifiquement les paysages et les sons qui l'accueillirent :

« Je n'ai jamais vu chose plus belle : des arbres merveilleux et verts, différents des nôtres, avec des fleurs et des fruits propres à chaque genre, de nombreux petits oiseaux qui chantent très agréablement. »

Plusieurs siècles après l'arrivée de C. Colomb, les botanistes donneront à ces forêts leur nom actuel de « forêts denses hygrophiles ». Les nombreux voyageurs et scientifiques qui les visitèrent entre-temps y faisaient simplement référence sous le nom de « forêts », ou « forêts tropicales ». Bien que beaucoup d'entre eux se soient émerveillés devant l'abondance d'animaux et de plantes qu'elles abritaient, ce n'est que plus récemment qu'on a commencé à réaliser le phénomène exceptionnel et unique que représente la forêt dense.

Qu'est-ce exactement qu'une forêt dense et en quoi diffère-t-elle des autres forêts ?

Il en existe plusieurs types. Certains botanistes parlent de trente ou davantage, incluant les forêts *sempervirentes*, *semi-décidues*, les *nebelwald* qui sont les forêts humides de haute altitude, et les forêts marécageuses qui croissent le long des berges des cours d'eau.

DANS LE MONDE

On peut distinguer deux types de forêts denses. Premièrement, les forêts denses équatoriales qui se rencontrent non loin de l'équateur et sont soumises à de très fortes températures et à des chutes de pluie abondantes. Les arbres qui y poussent sont essentiellement des arbres à feuilles persistantes et il y a peu de variations entre les saisons de l'année.

Deuxièmement, plus loin de l'équateur, des températures plus basses et des chutes de pluie moins abondantes se combinent pour produire une forêt dense d'un autre type. Ces forêts reçoivent l'appellation de « forêts denses mésophiles » ou de « forêts semi-décidues ». Elles ne possèdent pas la même richesse en plantes et en animaux que les forêts équatoriales.

Nombreux sont ceux qui pensent qu'une forêt dense est ce qu'on désigne familièrement sous le nom de « jungle ». Pour la plupart d'entre nous, le mot de jungle évoque l'image d'herbes hautes, d'arbustes et d'arbres recouverts de plantes grimpantes et peuplés d'un assortiment d'animaux bruyants et dangereux. Les jungles nous paraissent impénétrables excepté pour de hardis explorateurs, armés de machettes aiguisées.

En réalité, la forêt dense ne ressemble guère à notre idée de jungle. Elle est structurée en strates de végétation clairement définies. Les cimes des hauts arbres forment une strate dense, feuillue, appelée la voûte. A un niveau beaucoup plus bas poussent des buissons et des arbustes qui forment ce que l'on appelle la strate arbustive (ou sousbois). Dans les forêts équatoriales, la voûte épaisse empêche presque toute la lumière solaire de pénétrer, aussi le sous-bois ne contient-il que relative-

On trouve des forêts denses en altitude aussi bien qu'au niveau de la mer, comme ici, au Surinam.

Le sous-bois de cette forêt javanaise est un entrelac serré de plantes grimpantes et ligneuses.

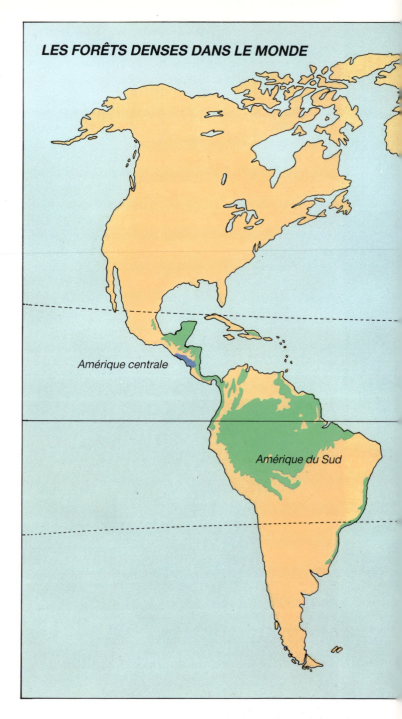

ment peu de végétation, tandis que le sol consiste en une terre nue tapissée de feuilles et de végétaux en décomposition.

Sous les arbres de la forêt dense, tout est calme et sombre. Bien que les animaux y pullulent, on les voit et on les entend rarement. Les appels d'oiseaux étranges dérangent parfois l'air immobile tandis que le craquement des branches, tout en haut des arbres, révèle la présence d'une bande de singes ou d'un écureuil géant. Un groupe de perroquets aux couleurs vives ou encore un vol de papillons aux motifs éclatants donnent soudain vie à une clairière tranquille, faiblement éclairée par le soleil. L'atmosphère qui règne dans les forêts denses ressemble davantage à celle d'une cathédrale obscure qu'à celle d'une jungle.

OÙ SE TROUVENT LES FORÊTS DENSES ?

La forêt dense tropicale est la végétation naturelle des régions qui s'étendent le long de l'équateur, entre le tropique du Cancer au nord et le tropique du Capricorne au sud. Pour qu'une forêt dense puisse exister, il faut des précipitations annuelles abondantes, entre 400 et 1 000 mm par an, ainsi qu'une température moyenne élevée, avoisinant les 27° C. Plus loin de l'équateur, chutes de pluie dépassant 100 mm et températures fluctuantes produisent des forêts de type semi-décidu. Il y a des millions d'années, lorsque le climat de la Terre était beaucoup plus chaud, les forêts denses s'étendaient sur la majeure partie des terres émergées, beaucoup plus au nord et au sud de leur répartition actuelle. On a aussi découvert des grains de pollen provenant de plantes issues de forêts denses dans des endroits situés au nord de Londres, et

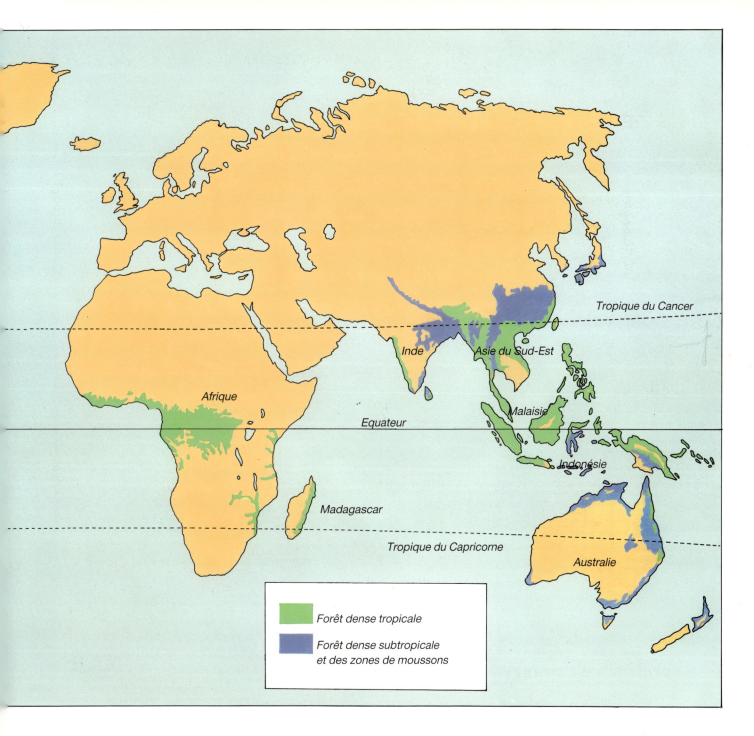

même jusqu'en Alaska. Les forêts denses représentent l'un des habitats (biotopes) naturels les plus anciens et les plus primitifs de la planète. Il y a seulement quelques milliers d'années, quatorze pour cent des terres émergées du globe étaient recouverts de forêts denses appartenant à un type ou à un autre. Au cours des derniers deux cents ans, plus de la moitié de cette surface a été convertie en pâturages, en terres labourables ou tout simplement en terres incultes. De nos jours, on ne trouve de forêt dense qu'en Amérique du Sud, en Amérique Centrale, en Afrique Centrale, sur l'île de Madagascar, dans l'Océan Indien et en Asie du Sud-Est.

Les zones restantes les plus étendues de forêt dense du globe se trouvent en Amérique Centrale et du Sud, particulièrement dans le bassin du fleuve Amazone et au Brésil, qui en possède un tiers à lui seul.

Les forêts asiatiques s'étendent de l'Inde jusqu'au nord de l'Australie en passant par la Malaisie et les Philippines. Les zones les plus étendues de forêt dense se trouvent en Amérique Centrale et du Sud. Le vaste bassin du fleuve Amazone et de ses affluents contient plus de la moitié des forêts denses du monde. Les forêts d'Amazonie représentent actuellement la plus vaste étendue encore vierge de forêts denses tropicales de la planète et abritent une flore et une faune d'une grande richesse. Le Brésil, à lui seul, possède un tiers de ces forêts. Au Brésil, également, on trouve les seuls vestiges d'une forêt autrefois immense qui s'étendait le long des côtes atlantiques. Cette région contient certaines des espèces les plus rares de singes encore en vie.

De l'autre côté de l'Océan Atlantique, les forêts denses du bassin du Congo, en Afrique Centrale, ressemblent à celles du Nouveau Monde. Les animaux et les plantes qu'on y trouve sont cependant différents de ceux des forêts d'Amérique.
Les forêts de Madagascar, île qui s'est séparée du continent africain il y a des millions d'années, contiennent un assortiment de faune et de flore assez distinct de celui des forêts denses d'Afrique Centrale.
On trouve également des forêts denses dans un grand nombre de pays de l'Asie du Sud-Est, de la pointe nord-ouest de l'Australie jusqu'au sud de la Chine.
Des milliers d'îles, petites ou grandes, forment le

pays qu'on appelle l'Indonésie. Les plus grandes, Bornéo, Sumatra, Java et la Nouvelle-Guinée possèdent, elles aussi, des forêts denses. L'Asie du Sud-Est, dans son ensemble, contient à peu près un quart des forêts denses qui restent à la surface du globe.

Les trois régions de forêts les plus importantes sont séparées les unes des autres par des milliers de kilomètres d'océan, et chacune contient ses cortèges propres de plantes et d'animaux. Mais elles n'ont pas toujours été isolées de cette façon. A l'origine, les terres qui les portent appartenaient à un même bloc continental. Lorsque les continents se sont séparés, il y a très longtemps, la majeure partie de la faune et de la flore de chacun d'eux s'est développée de façon différente. Cependant on peut rencontrer certaines espèces semblables de plantes ou d'animaux dans plus d'une d'entre elles et une poignée d'espèces se retrouve effectivement dans les trois. Ceci est la preuve qu'à l'origine, toutes les forêts denses s'étendaient sur un bloc unique ou un même continent.

Le schéma 1 représente les continents liés en un seul bloc appelé la Pangée. On pense qu'il y avait peu de variation entre la vie des plantes et des animaux de la Pangée.

Schéma 1 : LA PANGÉE

Il y a environ 180 millions d'années, l'unique continent de la Pangée a commencé à se fragmenter. Les continents ont alors occupé la place que nous leur connaissons actuellement, comme le montre le schéma 2.

Schéma 2 : LES CONTINENTS ACTUELS

Une fois les continents séparés, la faune et la flore ont évolué différemment sur chacun d'eux. Ceci explique les différences que l'on peut observer, de nos jours, dans les plantes et les animaux des forêts denses du globe.

A QUOI RESSEMBLE LA STRUCTURE

Une forêt dense comprend plusieurs strates distinctes. L'explorateur Alexandre Von Humboldt l'a décrite comme « une forêt au-dessus d'une forêt ». Chaque strate détermine un biotope différent pour les animaux et les plantes qui y vivent. Les forêts denses abritent donc plusieurs communautés assez distinctes de plantes et d'animaux.

Le niveau supérieur de la forêt dense est constitué par la voûte. Les grands arbres atteignent en général des hauteurs situées entre 30 et 60 mètres. Leurs troncs sont généralement lisses sauf vers le sommet où les branches s'épanouissent pour former la couronne au niveau le plus haut que ces arbres peuvent atteindre. Les couronnes se touchent entre elles, ce qui forme une masse de feuilles et de branches qui empêche la lumière du soleil d'éclairer les niveaux inférieurs. Certains arbres poussent plus haut que les autres et traversent le niveau de la voûte. Ces géants de la forêt, dont la couronne se dresse bien au-dessus des autres, s'appellent des émergeants.

Le niveau suivant de la forêt dense est souvent appelé le sous-bois. Il consiste en arbustes, arbrisseaux, fougères et broussailles capables de survivre dans l'humidité et la pénombre qui se trouvent sous la voûte. Les fougères et les palmiers, par exemple, possèdent de larges feuilles minces qui les aident à absorber la faible lumière du soleil qui filtre à travers la voûte. Dans les forêts denses situées près de l'équateur, la plupart des arbres

*Le schéma ci-dessous indique les différentes strates de la forêt dense.
Le sous-bois des forêts denses est très clairsemé.*

D'UNE FORÊT DENSE

sont à feuilles persistantes et forment ainsi une voûte qui bloque le passage de la lumière tout au long de l'année. Le sous-bois de ces forêts est très clairsemé.

Le sol forestier constitue le niveau inférieur de la forêt dense. Il est tapissé d'une mince couche de feuilles qui tombent des arbres tout au long de l'année. Ce tapis de feuilles permet à de nombreux insectes de se nourrir. Il se décompose rapidement au contact de l'humidité de l'atmosphère. La couche mince qui recouvre le sol fournit les conditions idéales pour la croissance de toutes sortes de champignons. Certains sont en forme de parasols, d'autres de filaments, certains même sont lumineux.

◀ *L'ambiance sombre et humide, due à l'absence de la lumière du soleil favorise la croissance de toutes sortes de champignons comme ceux-ci, sud-américains.*

Les couronnes des arbres de la voûte s'entremêlent, parfois dominées par un arbre émergeant.
▼

13

DIFFÉRENTES ADAPTATIONS DES ARBRES DES FORÊTS DENSES

Les arbres des forêts denses ont une apparence et un comportement différents de ceux de la plupart des autres arbres. Contrairement à ceux qui poussent dans les régions tempérées ou subarctiques, ils ne sont pas soumis aux changements saisonniers. Ainsi, ils peuvent fleurir, produire des fruits ou des graines et perdre leurs feuilles à n'importe quel moment de l'année. Les arbres des forêts denses sont appelés arbres à feuilles persistantes larges. Leurs feuilles sont spécialement conçues pour évacuer l'eau de pluie qui leur tombe dessus à intervalles réguliers. Elles sont revêtues d'une couche de cire et pourvues d'une « pointe d'égouttement » qui permet à l'eau de pluie et aux graines tombées de s'écouler pour laisser la feuille propre et sèche.

Les grands arbres des forêts denses utilisent une large variété de moyens pour supporter leur énorme poids. Certains, comme les palmiers, ont des racines-échasses qui relient leur tronc ou leurs branches au sol. La plupart des arbres les plus gros ont de solides racines appelées contreforts qui poussent à leur base et leur assurent un support plus large. De temps à autre, un arbre géant tombe, créant ainsi un espace dans la voûte, par lequel le soleil parvient à atteindre le sol. Cela favorise la croissance soudaine de graines qui se trouvaient sur le tapis de feuilles décomposées. Bientôt, un certain nombre de plants se mettront rapidement à croître. Les deux ou trois plus rapides d'entre eux combleront l'espace dans la voûte

Une orchidée de forêt dense

PLANTES DES FORÊTS DENSES

Les plantes qui poussent dans les forêts denses sont particulièrement intéressantes. Les grimpantes, comme les lianes, se développent telles de grosses cordes entre les arbres. Les mousses et les lichens croissent sur les troncs et les branches des arbres, profitant de l'atmosphère humide pour se développer. D'autres plantes, comme les orchidées et les broméliacées, naissent des écorces. On les appelle épiphytes, ce qui signifie qu'elles se développent sur d'autres plantes sans en tirer leur nourriture. Elles se procurent leurs substances nutritives à partir de l'eau et des débris qui tombent du dôme.

FAIRE POUSSER LES PLANTES TROPICALES

Certaines plantes provenant des forêts denses sont devenues des plantes d'appartement recherchées, en particulier les différentes broméliacées comme le ficus. La plupart des palmiers, des ibiscus ou des orchidées qui sont vendus proviennent également des forêts denses. Vous pouvez essayer de faire pousser vos propres plantes tropicales : orangers, citronniers ou arbres à pamplemousses.

Il vous suffit de planter un pépin dans un pot de compost. Conservez le pot dans un endroit chaud à l'écart de la lumière et arrosez de temps à autre. Au bout de quelque temps, le pépin devrait germer. Votre plante risque de ne pas produire de fruits, mais vous obtiendrez de très belles fleurs au parfum agréable.

◄ *Les arbres des forêts denses sont énormes comparés à la plupart des autres arbres. Cette photographie montre un arbre géant du sud-est de Madagascar. Ses larges contreforts arc-boutant dépassent largement la taille de l'homme.*

et bloqueront à nouveau la lumière. Il n'y a pas deux forêts denses qui soient identiques par le nombre et la diversité des espèces qu'elles contiennent. Celles d'Amérique du Sud sont nettement plus fournies en plantes que celles d'Afrique Centrale, alors que les forêts d'Asie du Sud-Est contiennent la plus grande diversité d'espèces animales. Cependant, la structure de base des différents niveaux est la même pour toutes les forêts, où qu'elles se trouvent. Qui plus est, le nombre total de variétés de plantes différentes est beaucoup plus important dans les forêts denses que nulle part ailleurs. Les forêts de Panama, en Amérique Centrale, contiennent plus d'espèces de plantes que l'Europe toute entière. Bien qu'il existe une grande diversité d'espèces, les espèces uniques sont souvent regroupées dans des zones limitées, en quantité réduite. Cela les rend d'autant plus vulnérables lorsque les forêts sont abattues à grande échelle.

L'énorme nénuphar Reine Victoria pousse sur l'Amazone. Ses larges feuilles peuvent supporter le poids d'un enfant.

La Rafflesie est la fleur la plus large du monde. Elle peut avoir jusqu'à un mètre d'envergure. Son énorme fleur sent le cadavre en décomposition, ce qui attire les mouches qui viennent la féconder. On la trouve dans les forêts denses d'Indonésie où son avenir, comme celui des forêts, est incertain. ▼

LES MAMMIFÈRES

Les trois principales forêts denses du monde contiennent de nombreuses espèces de primates. Les singes-araignées et les singes laineux d'Amérique du Sud sont pourvus de longues queues préhensiles qui les aident à se balancer de branche en branche lors de leurs déplacements à la cime des arbres. En-dessous d'eux, les minuscules tamarins et les marmousets vivent dans les niveaux inférieurs de la voûte. Les forêts d'Afrique Centrale contiennent elles aussi toute une variété de primates dont les différentes espèces habitent des niveaux particuliers de la forêt. Les plus gros, comme les gorilles, sont trop lourds pour habiter la voûte et passent la plupart de leur temps à se déplacer et à se nourrir au sol. Les chimpanzés, eux, vivent à la fois au niveau du sol et dans les arbres. Les forêts qui subsistent à Madagascar abritent les lémuriens. Ces primates primitifs sont les ancêtres des singes modernes. Ils n'ont survécu que dans l'île de Madagascar, après la séparation de cette dernière avec le continent africain. Les forêts d'Asie du Sud-Est sont également riches en primates. Elles abritent les petits singes habiles appelés gibbons et l'orang-outan solitaire, qu'on ne trouve que dans les forêts des îles indonésiennes de Bornéo et de Sumatra.

SINGES DES FORÊTS DENSES EN DANGER

LE TAMARIN LION D'OR

Habitat	Forêts tropicales de la côte sud-est du Brésil
Population	Moins de 100 individus
Dangers	Destruction des forêts denses
Mesures de protection	30 tamarins relâchés à la vie sauvage après leur élevage en captivité par le zoo de Londres sont protégés dans la réserve de Poco d'Anta.

LE TAMARIN COTONNEUX

Habitat	Forêts tropicales de Colombie
Population	Estimée réduite
Dangers	Destruction de l'habitat forestier. 40 000 tamarins cotonneux ont été exportés comme animaux familiers et pour la recherche bio-médicale.
Mesures de protection	Toute exportation de primates hors de Colombie est illégale depuis 1974. Création de deux réserves. Des programmes d'élevage en captivité ont permis la naissance de plusieurs centaines de cotonneux.

16

DES FORÊTS DENSES

D'autres mammifères vivent haut dans les arbres. Le paresseux d'Amérique du Sud pend à l'envers sous les branches, suspendu par les pinces en forme de crochets de ses pieds. Comme son nom l'indique, le paresseux est une créature qui se déplace très lentement. Il se confond souvent avec l'environnement de feuillage du fait d'une algue de couleur verdâtre qui pousse sur son pelage. Le fourmilier nain habite également dans la forêt sud-américaine. Il escalade les arbres pour se nourrir de fourmis ou de termites, se servant de sa queue préhensile pour attraper les branches.

Certains mammifères des forêts denses se déplacent d'arbre en arbre en « volant ». L'écureuil volant possède une fine membrane de peau de chaque côté de son corps. Il saute d'un arbre à l'autre en utilisant ses membranes déployées entre ses pattes écartées pour planer dans l'air. Le crépuscule est le moment où l'on peut voir des « renards volants ». Ce sont en réalité de grandes chauve-souris fructivores de l'Asie du Sud-Est appelées « roussettes ». Pendant la journée, elles restent suspendues aux branches et ne deviennent actives que le soir, lorsqu'elles partent se nourrir.

Le sous-bois de la forêt de l'Asie du Sud-Est abrite le lémurien volant.

◀ *Les tarsiers sont des créatures nocturnes des forêts indonésiennes. Ils se nourrissent essentiellement d'insectes, comme cette cicada.*

Les tapirs sont des parents éloignés des rhinocéros. On les trouve dans les forêts d'Amérique du Sud et dans celles d'Asie du Sud-Est. La photographie nous montre le tapir malaisien dont l'espèce est en danger. ▶

Le second niveau de la forêt dense possède lui aussi ses propres habitants mammifères. Il existe plusieurs espèces de petits grimpeurs comme l'opossum américain ou australien, et les galagos africains. Ils dorment la majeure partie de la journée, habituellement, dans les trous des troncs d'arbres. A la nuit tombée, ils sortent pour se nourrir d'insectes. La pauvreté du sol de la forêt décourage de nombreux mammifères de plus grosse taille d'y vivre. Certains rongeurs, comme les souris et les agoutis d'Amérique du sud s'installent à l'abri des arbres creux ou sous les broussailles. En Afrique, de minuscules antilopes appelées céphalolophes grignotent les feuilles tombées sur le sol.

Les mammifères de taille plus importante ont

tendance à vivre en solitaires, comme l'okapi, un parent discret et beaucoup plus petit que la girafe qui habite les forêts denses de l'Afrique Centrale. Dans la forêt amazonienne et dans celle d'Asie du Sud-Est, on rencontre des tapirs, un cousin éloigné du rhinocéros. Ils sont l'une des espèces qui apporte la preuve qu'il existait un lien au départ entre toutes les forêts denses. Plusieurs races de félins peuplent les forêts denses. Les plus connus sont le jaguar, le puma et l'ocelot, qui se répartissent de l'Amérique Centrale à l'Amérique du Sud, et le léopard de l'Asie du Sud-Est. Tous ces félins sont des grimpeurs d'arbres accomplis, bien qu'ils passent la majeure partie de leur temps au sol.

La disparition de son habitat et la chasse ont mis en danger la survie du puma d'Amérique du Sud.
▼

19

DES OISEAUX PAR MILLIERS

Les oiseaux-mouches se nourrissent du nectar des fleurs de la forêt dense et aident ainsi à leur pollinisation.

Plus de la moitié des mammifères qui habitent les forêts denses vivent très haut dans la voûte. C'est également le lieu de résidence de beaucoup d'espèces d'oiseaux qui sont attirés par l'abondance de fruits et de graines.
Lorsqu'un arbre donne des fruits, il reçoit la visite non seulement des singes, des chauve-souris et des écureuils, mais aussi des perroquets, des calaos et des toucans. La famille des perroquets est très vaste et ses membres les plus grands et les plus

Le Toucan vit dans les forêts d'Amérique du Sud, se ▶
nourrissant de fruits et de baies.

chatoyants, les aras, vivent dans les forêts denses d'Amérique du Sud.
Les aras ont un bec puissant qui leur permet d'ouvrir les fruits et les noix. Ils offrent un spectacle merveilleux lorsqu'ils passent en nuée, volant et poussant des cris stridents à travers une clairière. Une autre famille d'oiseaux fructivores est celle des toucans. Ils possèdent un énorme bec très coupant dont ils se servent pour cueillir les fruits et les baies des arbres malgré leur forme étrange. Dans les forêts d'Asie du Sud-Est, les calaos vivent d'une façon assez semblable à celle des toucans d'Amérique du Sud. Le battement lourd de leurs ailes au-dessus de la cime des arbres est l'un des spectacles familiers des forêts asiatiques.

Les gros oiseaux fructivores tels que les perroquets, les toucans et les calaos jouent tous un rôle très important dans la protection de la forêt dense. Comme certains singes, ils aident à disséminer les graines des arbres dont ils se nourrissent. Certains avalent les fruits entiers puis volent sur une certaine distance avant de rejeter dans leur fiente les graines non-digérées.
D'autres fécondent les arbres en se nourrissant du nectar produit par leurs fleurs. Ces petits bijoux que sont les minuscules oiseaux-mouches d'Amérique du Sud, ou encore les oiseaux du soleil d'Asie et d'Afrique sont tous équipés d'un bec et d'une langue mince et longue avec lesquels ils aspirent le nectar des fleurs. Les oiseaux-mouches, en particulier, ont un battement d'ailes très rapide qui leur permet de voler sur place pendant qu'ils se nourrissent. En Amérique du Sud, les oiseaux-mouches ne se rencontrent pas seulement dans les forêts marécageuses chaudes et humides mais également dans les forêts humides d'altitude les nebelwald.

Les niveaux inférieurs des forêts denses renferment certains des oiseaux les plus colorés du monde. Les forêts de Nouvelle-Guinée abritent plusieurs espèces de paradisiers ou oiseaux de paradis. Les mâles se rassemblent dans les clairières où ils dansent et font étalage de leur plumage magnifique pour attirer les femelles au plumage terne. Les coqs de roche d'Amérique du Sud, avec leur plumage chatoyant orange et écarlate, sont les équivalents américains des paradisiers.
D'autres oiseaux vivent sur le sol même de la forêt. Les forêts asiatiques abritent les paons colo-

Les oiseaux de Paradis font partie des oiseaux les plus étonnants des forêts denses.

rés, les faisans, et le coq sauvage qui est l'ancêtre de nos coqs de basse-cour. Les forêts denses d'Amérique du Sud abritent également de gros oiseaux qui ressemblent à des dindes : les tinamous.
En raison de la présence de si nombreuses espèces d'animaux dans la voûte, les prédateurs de la forêt dense y concentrent toute leur attention. L'un des chasseurs les plus puissants est un aigle de taille gigantesque. Il en existe trois espèces que l'on trouve chacune dans l'une des trois zones de forêt dense.
L'aigle mangeur de singes se rencontre en Asie du Sud-Est, l'aigle couronné en Afrique et la harpie en Amérique du Sud. Ils sont tous très semblables dans leur manière de fondre sur les oiseaux, écureuils ou même singes pour les attraper dans leurs serres incroyablement puissantes.
Ces aigles sont les plus grands et les plus forts prédateurs de la voûte. Ils élèvent leurs petits dans des nids placés dans les émergeants de la forêt dense.

Les forêts denses tropicales contiennent plus d'espèces d'oiseaux que n'importe quel habitat. Une petite parcelle de ce type de forêt peut abriter à elle seule 400 espèces, c'est-à-dire bien plus qu'un seul pays d'Europe. La forêt amazonienne à elle seule contient un cinquième de toutes les espèces d'oiseaux du globe.

D'AUTRES CRÉATURES INHABITUELLES

Les oiseaux et les mammifères des forêts denses sont les animaux les plus connus, mais un large échantillon d'autres bêtes y vit aussi, comme les reptiles, les amphibiens et un nombre si grand d'invertébrés qu'il est impossible d'en dénombrer toutes les espèces. Tous ces habitants, de taille plus réduite, occupent leur zone propre de la forêt, à l'instar des mammifères et des oiseaux. Nombre de serpents et de lézards vivant dans ces forêts sont d'excellents grimpeurs. Certains serpents vivent très haut dans la voûte, rampant le long des branches et se cachant parmi les feuilles dont ils ont presque la couleur. Contrairement à l'imagination populaire, la plupart d'entre eux sont petits et minces. Habitant et chassant dans le haut des arbres, ils seraient désavantagés s'ils étaient gros et lourds.

Dans les forêts denses de Java, en Indonésie, un lézard volant plane dans les airs. Les membranes le long de son corps sont déployées pour former des « ailes ».
▼

Le serpent royal vit au sol. Ses couleurs imitent celles d'une espèce venimeuse, le serpent corail, pour décourager les prédateurs.

On trouve des grenouilles à tous les niveaux de la forêt dense. Certaines d'entre elles sont spécifiquement adaptées à la vie dans les arbres. Cette grenouille aux yeux rouges, de Costa Rica, pond ses œufs sur les feuilles.

Les reptiles et amphibiens qui vivent dans la voûte ont développé des techniques particulières pour se déplacer d'arbre en arbre. En Asie du Sud-Est, certains serpents, lézards et grenouilles « volent » en employant les mêmes moyens que les écureuils volants. Les grenouilles ont de larges membranes entre les doigts des pattes qui agissent comme de minuscules parachutes lorsque la grenouille se jette dans les airs. Les lézards volants sont munis de volets de peau, de chaque côté de leur corps, qu'ils peuvent ouvrir comme des voiles pour se transporter d'une branche à une autre. Mais indiscutablement, le voyageur volant le plus étrange de tous est le serpent volant. En aplatissant son corps et en lui donnant la forme d'un « S », le serpent parvient à prendre appui sur l'air et à descendre en planant d'un tronc à l'autre. Le climat chaud et humide des forêts denses convient parfaitement au développement des amphibiens comme les grenouilles et les salamandres. Nombre de ces créatures vivent dans la végétation en décomposition du sol. Mais certaines grenouilles préfèrent vivre dans les arbres plutôt qu'au sol. Quelques-unes ont des cycles de reproduction étonnants. Elles déposent leurs œufs sur des feuilles ; lorsque les têtards éclosent, leurs parents les transportent sur leur dos jusqu'aux minuscules flaques d'eau contenues dans les feuilles des broméliacées. Là, chaque têtard a son espace où il grandit jusqu'à sa taille adulte.

On commence seulement à étudier la vie des invertébrés des forêts denses. Une seule parcelle de forêt peut en contenir 40 000 espèces différentes. Les plus connus sont les papillons dont 150 espèces peuvent se rencontrer dans un seul massif forestier. Certains sont les plus grands et les plus colorés au monde. Le sol de la forêt, avec son tapis de feuilles en décomposition, ainsi que l'écorce couverte de mousse des arbres, sont les abris de myriades de coléoptères, fourmis, escargots, mille-pattes et araignées. Des milliers d'espèces restent encore à identifier.

Les termites sont particulièrement communs sur

◀ *Cette araignée mangeuse d'oiseaux est l'une des 40 000 espèces d'invertébrés qui habitent la même zone de forêt dense.*

Un magnifique coléoptère de Costa Rica.
▼

Quelques-uns des plus beaux papillons se trouvent dans les forêts denses. Beaucoup d'entre eux sont en péril à cause des abus des collectionneurs. Celui-ci vient de Sierra Leone, en Afrique.

le sol des forêts denses puisqu'ils se nourrissent du tissu des végétaux morts. Ils bâtissent d'énormes monticules dans lesquels ils vivent. Ces termitières peuvent avoir la forme de champignons ou celle de palais surmontés d'une multitude de cheminées. Les termites représentent une source importante de nourriture pour un grand nombre d'espèces animales telles que les grenouilles, les lézards, les oiseaux et certains mammifères comme le fourmilier.

« Une étendue de 6 km² de forêt dense type contient jusqu'à 1 500 espèces de plantes à fleurs, jusqu'à 750 essences d'arbres, 400 espèces d'oiseaux, 150 variétés de papillons, 100 types différents de reptiles et 60 espèces d'amphibiens. Il y a tellement d'insectes que personne n'a réussi à les dénombrer... mais il en existerait 42 000 espèces dans un espace aussi petit. »

Académie Nationale des Sciences des Etats-Unis.

DES FORÊTS ET DES HOMMES

Les ancêtres de ces Pygmées vivaient dans la forêt dense d'Afrique Centrale depuis des milliers d'années, se servant des matériaux trouvés sur place pour construire leurs maisons, et des plantes de la forêt pour se nourrir et se soigner. Leur mode de vie, unique en son genre, est menacé depuis qu'on abat la forêt.

Jusqu'à présent, nous avons observé la variété étonnante d'animaux et de plantes qu'on trouve dans les forêts denses. N'oublions pas cependant que les hommes y vivent également depuis des milliers d'années, en utilisant avec bonheur les matériaux que leur fournit la forêt pour construire leurs maisons, et les plantes pour se nourrir et se soigner.

De nos jours, environ 200 millions de personnes vivent dans les forêts denses. La forêt d'Amérique du Sud est habitée par différentes tribus d'Amérindiens, ou indiens d'Amérique. Pygmées et Bushmen vivent dans la forêt africaine. Des peuples nombreux et variés habitent les forêts d'Asie du Sud-Est parmi lesquels les Pygmées dans certaines régions des Philippines, les peuples Biamis et

26

Gibusis en Nouvelle Guinée et les Siah Daya à Bornéo.

Chaque tribu possède ses traditions et ses croyances propres bien que leur mode de vie soit, en gros, assez similaire.

Traditionnellement, les peuples des forêts denses chassaient les animaux sauvages et cueillaient des fruits pour se nourrir. De nos jours, beaucoup d'entre eux défrichent de petites parcelles de forêt sur lesquelles ils font pousser maïs, manioc et patate douce. Les peuples des forêts denses connaissent très bien les plantes originaires de leur région et savent les utiliser pour soigner efficacement de nombreux maux.

Le mode de vie unique de ces peuples est resté inchangé pendant des milliers d'années. Il a été menacé en premier lieu par l'arrivée des Européens en Amérique du Sud au début du 16e siècle, qui troublèrent la vie des peuplades se trouvant dans des zones forestières isolées. A l'époque, il y avait encore à peu près quatre millions d'Amérindiens. Aujourd'hui, leur nombre s'est réduit à moins de 100 000.

Le nombre d'habitants des forêts africaines et asiatiques a lui aussi considérablement diminué au cours des siècles.

Les Amérindiens d'Amérique du Sud ont prospéré dans les vastes forêts denses du bassin de l'Amazone jusqu'à l'arrivée des Européens au début du 16ème siècle. Aujourd'hui, les tribus survivent toujours dans les zones isolées de la forêt. Les indiens Nahva du Pérou, sur cette photo, sont entrés en contact avec des étrangers pour la première fois en 1986.

Les peuplades d'origine qui habitent les forêts denses savent construire leurs maisons à partir des matériaux qu'elle leur procure. Ce village se trouve en Nouvelle-Guinée.

Des tribus entières d'habitants des forêts ont perdu leur foyer ancestral et ont été forcé d'adopter de nouvelles cultures. Les nouveaux complexes immobiliers tels celui-ci sont une alternative bien triste aux maisons traditionnelles des forêts denses.
▼

LE PRIX DU PROGRÈS

L'expansion rapide de la technologie moderne fait courir un danger à tous et particulièrement aux populations des forêts denses. Lorsqu'on construit de nouvelles routes à travers ces forêts, des régions autrefois isolées deviennent directement accessibles. Il est dès lors plus facile de déboiser pour obtenir des terres cultivables ou pour construire de nouvelles zones de peuplement. Des tribus entières ont été chassées de chez elles lors-

Combien de temps ces hommes de la tribu Huli en Nouvelle Guinée, pourront-ils continuer à suivre leurs traditions ?

que des étrangers sont arrivés pour déboiser et exploiter leur parcelle de forêt. Ceux qui sont restés ont été contraints de s'adapter à un mode de vie très différent. Pour la première fois, ils sont confrontés à des individus qui apportent avec eux nouvelles religions et nouvelles valeurs, méthodes d'éducation différentes, technologie moderne, denrées nouvelles et alcool. Ils sont exposés à des maladies différentes, qui leur sont étrangères, et contre lesquelles ils n'ont pas formé de système immunitaire naturel. Le résultat du contact de ces tribus avec d'autres civilisations a été la disparition de nombre d'entre elles.

Quatre-vingt-sept groupes d'Amérindiens qui vivaient dans la forêt brésilienne sont morts au cours de ce siècle. En Indonésie, des millions d'habitants des forêts ont été réinstallés très loin de leur habitat naturel dans le cadre de projets financés par le gouvernement. Grand nombre d'entre eux ont été déplacés des îles surpeuplées de Bali, Java et Madura vers Irian Jaya, la moitié indonésienne de la Nouvelle Guinée. Là, ils ont dû adopter un mode de vie totalement différent.

Dans ce chapitre, nous avons vu comment les brèches ouvertes dans les profondeurs de la forêt affectent les peuples qui y habitent traditionnellement. La question qui se pose est donc la suivante : pourquoi les forêts denses sont-elles détruites aussi rapidement et quelles sont les conséquences à long terme de cette destruction ?

FORÊTS EN VOIE DE DISPARITION

Les forêts denses forment sans conteste l'habitat le plus varié de la planète. Ce sont pourtant elles qui souffrent le plus des tendances destructrices de l'humanité. Le déboisement des forêts denses du monde s'effectue à une cadence alarmante. Chaque année, quatre à cinq millions d'hectares sont complètement détruits. Cela signifie que douze à vingt hectares disparaissent quelque part sur la planète chaque minute de chaque jour. De plus, une espèce animale s'éteint toutes les demi-heures environ.

Toutes les forêts denses les plus importantes subissent la même attaque. Jusqu'à ces derniers temps, l'Afrique perdait ses forêts à un rythme de deux millions d'hectares par an, tandis qu'en Asie du Sud-Est, les forêts encore existantes disparaissent à un rythme à peine plus lent. L'Amérique Centrale n'a plus qu'un tiers des forêts qu'elle possédait il y a trente ans.

Pourquoi les forêts disparaissent-elles dans des proportions aussi effrayantes ? La réponse réside dans le désir des hommes de se procurer des bénéfices immédiats en puisant sans scrupules dans ses richesses. Dans les pays tropicaux où l'on trouve des forêts denses, la plus grande partie de la population non urbaine pratique l'agriculture à petite échelle. Pour ces gens, la valeur de la forêt n'est pas évidente, par contre, l'abattre et la défricher permet de rendre disponibles des terres cultivables rentables.

Qui plus est, le bois représente un revenu de première importance pour la plupart des pays possédant des forêts denses. Certaines espèces de

« *Au rythme actuel de destruction, toutes les forêts denses accessibles auront disparu avant la fin de ce siècle* ».

Rapport des Nations Unies

Estimation de la surface de forêt dense en l'an 2000

Cette scierie d'Amérique du Sud fournit du travail aux gens de la région, mais est-ce qu'abattre la forêt est économiquement valable ?

bois précieux qu'on ne trouve que dans ces forêts, ont une grande valeur commerciale. Le teck et l'acajou sont des bois précieux et résistants, très demandés dans le monde occidental pour la fabrication de produits tel que le mobilier ou les bateaux. Les arbres de moindre valeur peuvent être transformés en pâte à papier ou en contre-plaqué.

Une caravane de camions à bois en Malaisie.

▲
Les machines modernes peuvent abattre les forêts à un rythme alarmant. Les forêts denses disparaissent partout où elles se dressent sur le chemin du progrès.

◀ *Les forêts denses sont aussi détruites afin de prospecter le sol dans l'espoir de découvrir quelque métal précieux. Ici, au Brésil, on extrait du manganèse.*

De nos jours, la technologie moderne permet d'abattre les forêts plus rapidement que jamais. L'équipement lourd et les machines, comme les bulldozers et les grues, permettent de déboiser de vastes étendues de forêts en infiniment moins de temps qu'il n'en fallait aux hommes avec des haches. En plus du commerce du bois, l'abattage des forêts se justifie par le besoin en routes, canaux d'irrigation, barrages, canalisations et lignes électriques des pays en voie de développement. Les forêts qui se dressent sur leur passage sont des obstacles gênants dans la marche du progrès. De nos jours, en l'affaire de quelques mois ou d'une année, on peut transformer une vaste étendue de forêt dense en une gigantesque plantation ou encore en un ranch pour le bétail. Ce sont principalement des pâturages qui ont remplacé la forêt en Amérique du Sud où l'élevage du bœuf est l'une des principales sources de revenu.

LES CONSÉQUENCES DE LA DÉFORESTATION

On peut comprendre, même si on le déplore, que les forêts soient détruites pour faciliter la croissance et l'expansion des pays en voie de développement. Malheureusement, lorsque les forêts sont abattues, le terrain dégagé n'est pas toujours approprié à l'utilisation qu'on veut en faire. En effet, ces sols sont très vieux et ont nourri d'innombrables générations de plantes. Ils sont pauvres en certaines substances nutritives, ce qui signifie que les cultures qu'on y fait pousser ne peuvent pas prospérer de la même façon que les plantes d'origines, qui, elles, étaient spécialement adaptées au terrain. Lorsque les forêts sont converties en terres agricoles, elles ne sont fertiles que pendant quelques années. Ensuite, il faut défricher davantage de forêt et le processus se répète. Les populations qui vivent dans les forêts le savent, et emploient une méthode d'agriculture qui s'appelle « le brûlis ». Elle consiste à défricher une parcelle de forêt pour une exploitation temporaire avant de se déplacer à nouveau. Actuellement cette méthode est utilisée à grande échelle, laissant d'immenses étendues de terre stérile où les semences et même l'herbe n'arrivent plus à pousser.

La réalité sans vie d'une parcelle de forêt dense défrichée par le feu.

L'agriculture de « brûlis » dans une forêt d'Afrique de l'Ouest. Cette pratique a pour conséquence de larges zones déboisées, même si la terre ne peut être utilisée pour faire pousser des récoltes que pendant une courte période.

DÉFORESTATION ET ÉROSION

Là où la forêt dense a été coupée, on rencontre souvent un phénomène d'érosion. Sans la couverture des arbres, la pluie n'est plus absorbée et entraîne le sol avec elle, enlevant ainsi peu à peu la couche arable. Privé de ses substances nutritives, le sol restant n'est guère propice à la culture. Les terres qui ont été ravinées sont à l'origine de l'engorgement des fleuves par des alluvions. Lorsqu'une tempête de pluie éclate, les rivières encombrées débordent de leur lit, créant ainsi de gigantesques inondations. De tels phénomènes se sont déjà produits en Amérique du Sud et en Asie du Sud-Est.

Détruire le couvert forestier peut également avoir de graves effets secondaires. Les forêts denses ont une influence directe sur les précipitations locales car les arbres géants absorbent une grande partie des précipitations qu'ils restituent ensuite lentement dans l'atmosphère sous forme d'humidité supplémentaire. L'abattage des forêts peut parfois réduire les précipitations dans une région jusqu'à un niveau favorisant l'apparition de conditions climatiques désertiques. Privée de son couvert végétal, la terre est davantage sujette à l'érosion. A son tour, la terre arrachée du sol risque d'ensabler les fleuves et causer des inondations. En Inde, d'importantes inondations ont lieu tous les ans dans les deltas, amplifiées par la déforestation en altitude, dans la chaîne de l'Himalaya. Il y a quarante ans, presque la moitié de l'Ethiopie était couverte de forêts qui régularisaient l'eau nécessaire à l'irrigation. Actuellement, il ne reste que cinq pour cent des forêts éthiopiennes. La conséquence directe est que la population éthiopienne est victime de famines, de sécheresse et d'inondations.

A l'échelle mondiale, également, les conséquences

L'érosion du sol est aussi une des conséquences de la déforestation. Ces collines érodées se trouvent à Java, en Indonésie.

de la destruction de la forêt dense sont d'une portée considérable. On sait que les forêts denses régulent les conditions climatiques du globe. Dans les régions tropicales, plus d'un milliard de personnes dépendent de l'eau contrôlée par les forêts denses pour irriguer leurs cultures. Dans l'hémisphère nord aussi, la modification du cycle de l'eau et l'accroissement du gaz carbonique dans l'atmosphère sont les conséquences de la déforestation tropicale à grande échelle. Tous ces effets risquent de conduire à un réchauffement général de l'atmosphère par « effet de serre » qui peut mener à l'accélération de la fonte des glaciers arctiques et donc à une remontée du niveau des mers.

Une fois qu'une forêt dense a été détruite, elle ne peut être remplacée. Même si seuls les gros arbres

L'érosion du sol crée des glissements de terrain, des envasements qui bouchent le lit des rivières, des inondations qui à leur tour sont à l'origine de mauvaises récoltes et de désastres nationaux.

CHUTES DE PLUIES ET FORÊTS DENSES

Les forêts denses jouent un rôle essentiel dans la régulation des conditions climatiques, particulièrement des précipitations. Les grands arbres puisent une grande quantité d'eau par les racines. Plus tard, cette eau est restituée sous forme de vapeur par les feuilles. Le phénomène est appelé transpiration. L'eau évaporée se condense en nuages dans l'atmosphère pour retomber sous forme de pluie.

Lorsqu'on détruit de vastes étendues de forêt dense, le cycle local des précipitations est affecté. Sans les forêts pour stocker l'eau, on se met à la merci de fréquentes grandes sécheresses.

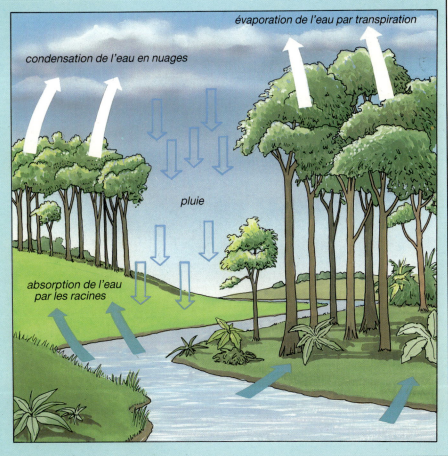

35

sont enlevés, le fragile écosystème est détruit. Une communauté unique au monde de plantes et d'animaux est condamnée à jamais par ce processus. La plupart de ces plantes et animaux ont une valeur inestimable pour les hommes. Pendant des siècles, les populations qui vivaient dans les forêts denses ont utilisé les composés chimiques de nombreuses espèces de plantes comme médicaments. De nos jours, la valeur de ces remèdes à base de plantes a également été reconnue par la science moderne. Le curare, l'ipéca, l'igname sauvage et la pervenche de Madagascar ne sont que quelques exemples de plantes utilisées pour combattre des maladies aussi graves que le cancer, la leucémie et les maladies du cœur et des muscles. Ce sont également les éléments de bases des hormones contraceptives, des stimulants et des tranquillisants. Le médicament le plus connu provenant d'une plante de la forêt dense est assurément la quinine. Elle est issue de l'écorce d'un arbre d'Amérique du Sud, le Cinchona ou « arbre à fièvre ». Il a été prouvé que c'est un remède très efficace contre le paludisme.

Les plantes des forêts denses sont également vitales pour l'agriculture et l'industrie. Le thé, le café, les bananes, les oranges, les citrons, les cacahuètes, les ananas et les goyaves proviennent tous, à l'origine, des forêts denses. Plus de la moitié des

Les habitants de ces pays ont toujours utilisé les plantes comme remèdes. De nos jours, la science a reconnu la valeur des plantes des forêts denses.

*Beaucoup de fruits et céréales qui font partie de notre nourriture de base sont dérivés de plantes des forêts denses.
La fleur du fruit de la passion est devenue une plante familière de nos jardins, tandis que son fruit est largement importé pour notre plus grand plaisir.*

céréales consommées par les hommes, y compris le riz et le maïs, sont originaires des forêts denses. L'industrie a elle aussi déjà largement bénéficié des produits de la forêt dense. L'industrie du caoutchouc, la plus connue, repose sur l'utilisation d'un arbre qui pousse naturellement dans les forêts tropicales d'Amérique du Sud et d'Asie du Sud-Est. D'autres produits industriels tels que les résines pour la peinture, les huiles, les cires, les savons et les plastiques proviennent également de plantes tropicales. Il ne fait pas de doute qu'il reste à découvrir d'autres matières premières possédant elles aussi des propriétés intéressantes, mais cela ne sera possible que s'il reste encore des forêts denses dans lesquelles les trouver.

Aujourd'hui, quarante pour cent des forêts denses du globe ont déjà disparu. Celles qui restent continuent d'être abattues à un rythme tel que certains pays les auront entièrement perdues en l'an 2000. Néanmoins, avant qu'il ne soit trop tard, des efforts sont entrepris pour mettre un terme à cette perte irrémédiable et pour conserver au moins quelques forêts encore à l'état vierge.

Le caoutchouc est un produit important de la forêt dense. Sur la photographie, une femme brésilienne récolte le latex d'un arbre, l'hévéa.

37

PRÉSERVER LES FORÊTS

COMMENT POUVONS-NOUS ARRÊTER LA DESTRUCTION ?

La plupart des forêts denses se trouvent dans des pays en voie de développement, c'est-à-dire les pays économiquement les plus pauvres. Il est facile aux nations occidentales plus riches de critiquer la façon dont sont détruites les forêts. Dans le processus de « civilisation », les pays les plus avancés industriellement ont également sacrifié une grande partie de leur propre héritage naturel et ils continuent encore actuellement à détruire et à polluer les ressources naturelles de la planète. Ils n'ont assurément pas montré le bon exemple à suivre aux pays en voie de développement.

C'est le devoir du monde occidental de partager, avec les pays en voie de développement, la responsabilité de préserver les forêts qui nous restent avant qu'il ne soit trop tard. Les nations occidentales ont les moyens d'offrir leurs compétences en biologie, en agriculture, en sylviculture pour résoudre les multiples problèmes que posent les forêts denses de nos jours.

Comment pouvons-nous arrêter la destruction des forêts denses tropicales ? La question est difficile mais il existe différentes possibilités qui permettraient de contrôler l'abattage de ces magnifiques forêts. Si l'on changeait les méthodes actuelles d'agriculture, on réduirait le besoin constant de nouvelles terres et ainsi, on ralentirait le rythme d'abattage des forêts. Le sol des forêts étant ancien et donc pauvre en substances nutritives, il ne peut assurer des récoltes annuelles de céréales. Pourtant, quelques cultures peuvent être bénéfiques au sol des forêts comme la culture de certains types de palmiers. Ces arbres se développent naturellement dans le sol de la forêt dense. Quand ils arrivent à maturité, ils aident à stabiliser le terrain et permettent ainsi de prévenir l'érosion tout en produisant de l'huile de palme, qui représente une bonne source de revenus. Bien sûr, cette solution n'est pas une réponse aux problèmes qui se posent dans toute les forêts denses du monde. Elle démontre pourtant qu'il est possible de développer des cultures lucratives sans pratiquer une agriculture itinérante, si désastreuse pour les forêts.

Les palmiers occupent naturellement le sous-bois de la forêt dense. Là où on a abattu la forêt, il est possible de faire pousser des palmiers qui produisent de l'huile de palme et aident à stabiliser le sol dénudé.

L'exploitation sélective signifie que seuls certains arbres, et non toute la forêt, sont coupés. La forêt se régénèrera ainsi progressivement de la même façon qu'elle le fait lorsqu'un des grands arbres tombe naturellement. La photographie est prise dans la Victoria Falls, au Zimbabwe.

Un autre danger encouru par les forêts denses et pour lequel on doit trouver une solution est celui de l'abattage du bois d'œuvre. La façon systématique dont les grands arbres sont coupés signifie à court terme l'extinction de la forêt. L'exploitation sélective de la forêt est une alternative moins nuisible grâce à laquelle on peut récupérer le bois sans détruire des forêts entières. Suivant ce système, seuls certains arbres sont enlevés à chaque fois. Au bout de quelques années, de nouveaux arbres repoussent et comblent le vide laissé dans la voûte, de la même façon que le phénomène se produit naturellement.

L'industrie du bois est à l'origine d'autres problèmes. Le transport des arbres coupés nécessite la création de routes et de pistes à travers la forêt et le débardage des troncs cause lui aussi des dégâts. Si l'on pouvait éviter d'abîmer ainsi la forêt et si l'on pratiquait l'exploitation sélective de façon générale, l'avenir des forêts denses serait plus serein.

Cependant, l'idéal serait d'arrêter complètement l'abattage du bois afin de garantir une protection à long terme des forêts.

DES MESURES PRATIQUES

Des scientifiques ont commencé récemment à étudier la voûte de la forêt, employant cordes et échafaudages aériens pour se hisser tout en haut des arbres. L'observation de la vie qui règne à ce niveau de la forêt améliorera notre connaissance de l'écosystème des forêts denses mais cela n'arrête malheureusement pas leur destruction. Quoi qu'il en soit, certaines forêts auront disparu avant que les plantes et les animaux qu'elles contiennent n'aient été complètement décrits par la science. Heureusement, la situation critique dans laquelle se trouvent les forêts denses est, ces dernières

années, au centre de l'attention internationale. Des organismes tels que l'Union Internationale pour la Protection de la Nature, le Fonds Mondial pour la Nature (World Widelife Fund —WWF—) et les Amis de la Terre ont successivement attiré l'attention du public sur ce qui se passe dans les forêts denses. Des campagnes ont été lancées pour tenter de protéger des régions précises, ainsi que les animaux les plus menacés, comme certaines espèces de primates.

◀ *Une manifestation en faveur des forêts denses à Sydney, en Australie. Le Nord de l'Australie compte d'immenses forêts dont certaines sont actuellement menacées par les propriétaires de ranches.*

Le site de Middle Gorge dans le Nord-est de l'Australie.
▼

Un saman amazonien, ou « arbre à pluie » en pleine floraison. Son avenir dépend du succès de la protection des forêts denses d'Amérique du Sud.

REBOISER UNE FORÊT

Au nord du Costa Rica, en Amérique du Sud, il existe une zone particulière de forêt dense appelée forêt sèche. Les arbres qui y poussent, d'une espèce très rare, sont maintenant protégés dans un petit parc national appelé Santa Rosa. Un botaniste américain, le Docteur Dan Janzen, aimerait les voir se développer sur une étendue plus large et a imaginé une façon ingénieuse d'y parvenir. Son projet, soutenu par le gouvernement du Costa Rica, le Fonds Mondial pour la Nature et de nombreux propriétaires terriens locaux est le suivant : le bétail des fermes avoisinantes est autorisé à aller paître dans le parc national pour revenir ensuite à la ferme. Dans le même temps, les fermiers locaux sont encouragés à laisser les animaux sauvages du parc national (comme les tapirs, par exemple) vagabonder sur leurs terres. De cette façon, les graines des arbres rares de la forêt sèche, que le bétail et les animaux sauvages ont mangées, sont transportées sur le sol de la ferme par les biais des excréments. On espère qu'ainsi, les graines finiront par devenir arbres, que les fermiers pourront utiliser de façon sélective comme combustible. Il restera néanmoins suffisamment d'espace de pâturage entre les nouveaux arbres sur le terrain de la ferme.

Il est prévu que le parc national actuel et la nouvelle zone de forêt sèche s'unissent pour former un parc naturel beaucoup plus vaste appelé Guanacaste, qui est le nom d'une espèce d'arbre très connu de la forêt sèche qui poussait tout le long de la côte pacifique d'Amérique Centrale.

Un projet qui a pour but de protéger une forêt dense poursuit normalement plusieurs objectifs différents. Premièrement, il doit établir ou renforcer la protection du secteur ce qui peut aller jusqu'à convaincre le gouvernement du pays de lui donner le statut de parc national ou de réserve. Il est également nécessaire de former des gens à devenir gardes forestiers afin de protéger les forêts et leurs animaux contre les braconniers de toutes sortes. Des études scientifiques des plantes et des animaux sont également nécessaires pour déterminer ceux qui auront besoin de l'aide la plus urgente. Il faut, enfin, faire prendre conscience à la population que le massif forestier est préservé, la convaincre aussi des avantages et de la nécessité qu'il y a à agir ainsi. Sans la compréhension et la bonne volonté des hommes, le succès de l'entreprise est beaucoup moins probable.

Tous ces facteurs nécessitent de l'équipement, du personnel et du temps, donc des sommes importantes d'argent. Jusqu'à récemment, les fonds destinés à la défense de la nature provenaient directement de dons de particuliers auxquels s'ajoutaient des subsides émanant des gouvernements concernés. Récemment, cependant, un certain nombre de compagnies industrielles, petites et grandes, se sont engagées dans la croisade pour sauver les forêts denses en voie de disparition. Elles financent des projets réalisés en association avec les organismes de protection de la nature.

La firme automobile Jaguar est impliquée dans la création et l'entretien de réserves en Amérique du Sud où habitent les grands chats mouchetés qui sont l'emblème de la compagnie. Les forêts du parc national de Manu, au Pérou, et le parc national de Tortuguero, au Costa Rica, ont vu

PROJETS DE PRÉSERVATION DES FORÊTS DENSES

BELIZE	Gestion d'une réserve de singes hurleurs.	**INDE**	Direction des réserves de forêts Nine Tiger fondées en 1973.
BRÉSIL	Projet pour le développement de l'éducation en matière de protection des forêts denses.	**INDONÉSIE**	Etude de l'utilisation médicale des plantes de la forêt Sibérut, près de Sumatra.
BRÉSIL	Réintroduction du Tamarin Lion d'Or. Administration de réserves destinées aux espèces d'oiseaux en danger.	**MADAGASCAR**	Gestion de la réserve de forêt de Beza-Mahalaly. Formation sur place d'étudiants.
CAMEROUN	Création du parc national de Korup.	**MALAISIE**	Protection des rhinocéros et des orangs-outans de Sumatra.
CHILI	Programmes de recueil et de reproduction des plantes rares de la forêt dense.	**PÉROU**	Création du parc national de Manu en 1968 pour protéger le jaguar, l'ocelot, la loutre géante et le tapir brésilien.
COLOMBIE	Lutte contre le braconnage dans le parc national de Cahuinari.		
ÉQUATEUR	Administration de la forêt côtière dans le parc national de Machalila.	**RUANDA**	Lutte contre le braconnage des gorilles.

Le jaguar est le plus grand prédateur des forêts denses d'Amérique Centrale et du Sud. Chassés de façon intensive dans le passé pour leur fourrure, ces félins sont à présent à l'abri dans des réserves financées par l'usine automobile Jaguar.

leur protection renforcée grâce aux subventions de l'industrie. Le parc national de Manu contient actuellement dix pour cent de toutes les espèces d'oiseaux du monde ! A Belize, en Amérique Centrale, la compagnie multinationale géante Coca-Cola a fait don d'une vaste étendue de terre pour la création d'une nouvelle réserve de forêt dense. D'autres compagnies suivront peut-être cet exemple. De l'autre côté de l'océan Atlantique, en Afrique Centrale, un certain nombre d'autres projets sont en cours. La forêt de Korup, au Cameroun, a fait l'objet d'un documentaire télévisé ; elle est maintenant devenue un parc national et plusieurs firmes européennes, dont la Midland Bank, aident à couvrir les dépenses qu'entraîne son entretien. On pense que Korup contient le plus grand nombre d'espèces de plantes découvertes jusqu'à présent dans une forêt dense africaine. Ailleurs, en Afrique Centrale, l'industrie aide à financer l'étude des gorilles et des chimpanzés au Gabon, ainsi que la préservation de l'habitat des gorilles de montagne en Ouganda. Le fabricant d'automobiles Fiat finance un projet qui protège les lémuriens de Madagascar. Les quelques parcelles de forêt dense qui restent dans ce pays sont le seul habitat de ces remarquables primates.

PARC NATIONAL DE KORUP CAMEROUN

Korup contient un quart de tous les primates d'Afrique, 250 espèces d'oiseaux et 400 espèces d'arbres. Beaucoup des animaux qui se trouvent à Korup, y compris les éléphants et les léopards, vivent sous la menace des chasseurs qui gagnent leur vie en faisant le commerce des peaux ou des défenses. En mars 1988, le gouvernement camerounais et WWF se sont mis d'accord sur un plan pour sauver la forêt dense de Korup tout en assurant, en même temps, une source de revenus aux habitants de la région. Conformément au projet, une « zone-tampon » fut créée autour de la précieuse forêt. Là, les habitants peuvent faire des récoltes et couper du bois, gérer des élevages de poissons et d'animaux pour la chasse. Ce projet unique peut servir de modèle à d'autres du même type dans différents pays.

▲
Dans la « zone-tampon », autour de Korup, des pépinières ont été créées afin de fournir aux habitants un bois qui pousse rapidement.

Korup est, de celles qui restent, la forêt dense d'Afrique la plus riche.

Les forêts d'Asie du Sud-Est aussi sont importantes. Là-bas, les papetiers W H Smith et la maison d'édition Batsford fournissent de l'argent pour aider à protéger les gros mammifères tels que les tigres, les rhinocéros et les éléphants qui vivent dans les forêts denses d'Indonésie. En Chine du Sud, un plan de gestion est en train de se développer afin de protéger les forêts denses de la réserve de Xishuangbanna.

L'un des sous-produits des forêts denses qui, jusqu'à présent, a été négligé, est le tourisme. Actuellement, plusieurs pays commencent à considérer le tourisme comme une façon de rentabiliser leurs forêts denses. Le succès du tourisme signifie la sauvegarde des forêts contre la hache ou la scie électrique ainsi que la sécurité des animaux qui l'habitent. Cependant, le tourisme dépend du désir des gens de faire un long voyage afin d'aller observer à quoi ressemble une forêt dense. Dans les pays d'Afrique Centrale, du Rwanda et du Zaïre, la race menacée des gorilles de montagne qui vivent dans les forêts denses a déjà attiré des touristes. En apprenant le sort des gorilles, les visiteurs comprennent aussi les menaces qui planent sur la forêt toute entière. Aussi le tourisme ne fournit-il pas seulement un revenu bien nécessaire, mais également l'occasion aux hommes de comprendre pourquoi la protection de la forêt est vitale.

Les gorilles des montagnes du Ruanda sont devenus une attraction touristique très prisée et d'un revenu non négligeable pour l'économie du pays.

Il n'existe que quelques exemples d'efforts considérables actuellement mis en œuvre pour protéger nos forêts. Pour certaines régions, il est à craindre qu'il ne soit déjà trop tard. Par exemple la forêt du Brésil qui renferme quelques-uns des primates les plus rares au monde. Ailleurs, par contre, il semblerait qu'il y ait encore de bonnes chances de sauver quelques-unes des forêts qui restent. Si nous y arrivons, nous devrons alors nous assurer que ce qui est conservé de cet environnement unique est gardé intact pour le futur. C'est la seule manière dont nous puissions sauvegarder le magnifique éventail de plantes et d'animaux qui vivent dans les forêts denses.

QUE POUVONS-NOUS FAIRE ?

Le rythme actuel de destruction des forêts est si alarmant qu'on pourrait aisément se laisser aller à un pessimisme découragé. Beaucoup d'efforts cependant sont mis en œuvre pour préserver les forêts denses et protéger la faune unique qu'elles contiennent.

Notre rôle peut consister à nous informer le plus possible sur ce qui se passe dans les forêts denses et à informer nos proches et nos amis, en leur expliquant pourquoi ces forêts ont une telle importance pour nous.

Mais surtout, nous pouvons adhérer à l'un des organismes de défense de la nature dont la liste se trouve à la fin de cet ouvrage.

En devenant membre d'une de ces organisations, nous pouvons l'aider à réaliser ce précieux travail qui consiste à préserver les forêts denses dans l'intérêt de tous.

« *La disparition des forêts tropicales est le problème écologique le plus crucial de notre époque.* »

Catherine Caufield.

GLOSSAIRE

Agriculture itinérante : technique d'agriculture où les cultivateurs abandonnent leurs champs lorsque le sol n'est plus suffisamment riche en substances nutritives. Cette technique est souvent associée à l'agriculture sur brûlis.

Biotope : ensemble de conditions naturelles (humidité, type du sol...) qui offre un cadre de vie stable à certaines plantes et certains animaux. Un bord de mer est un biotope composé de dunes, de sable, d'eau salée, de mares...

Bois d'œuvre : bois utilisé dans la construction ou la menuiserie (opposé au bois de chauffe, destiné à être brûlé).

Botaniste : spécialiste de l'étude des plantes.

Brûlis (agriculture sur) : technique d'agriculture qui consiste à débroussailler (ou déboiser) par le feu, puis à enfouir les cendres et charbons de bois afin de récupérer leurs substances nutritives.

Cortège : ensemble de plantes qui s'associent fréquemment car elles apprécient les mêmes conditions naturelles.

Décomposition : en voie de putréfaction (pourriture).

Déforestation : lorsque la forêt est détruite et qu'elle n'a pas la possibilité de se reconstituer.

Delta : estuaire d'un fleuve composé de nombreux bras ramifiés.

Ecosystème : l'écosystème est composé du biotope (ensemble des éléments du milieu naturel : le sol, l'eau...) et des animaux et des plantes qui y vivent. L'écosystème du bord del'étang comprendra les plantes aquatiques, les oiseaux qui y nichent, etc.

Effet de serre : lorsque les gaz de l'atmosphère retiennent de la chaleur.

Emergeant : arbre plus grand que les autres et dont latouffe émerge au-dessus de la voûte (émerger signifie « sortir de la mer »).

Espèce : une espèce est une catégorie d'animaux qui ont de gros points communs ; il y a, par exemple, l'espèce des chats, celle des chiens. Pour pouvoir étudier (comparer, classer) les animaux, il est important d'établir des classifications.

Faune : ensemble des animaux.

Flore : ensemble des végétaux.

Forêt dense : forêt caractérisée par une forte densité d'arbres et de plantes et par le nombre de variétés qui y pousse.

Géant : arbre émergeant (voir ce mot) au-dessus de la voûte.

Habitat : synonyme de biotope.

Hygrophile : se dit d'une plante (ou d'une forêt) qui aime les lieux humides.

Invertébrés : animaux qui ne possèdent pas de colonne vertébrale (insectes, mollusques...)

Mésophile : plante (ou ensemble de plantes) qui marque nettement une saison de repos en perdant ses feuilles. Cette saison est souvent très courte et parfois décalée : tous les arbres d'une même essence ne perdent pas leurs feuilles au même moment.

Nebelwald : type de forêt qui pousse dans les montagnes. Elle se trouve à l'altitude où les nuages ont tendance à se stabiliser (nebel signifie « brouillard » en allemand) et où il y a une forte humidité.

Nouveau monde : l'Amérique ! Cette expression date de la découverte de l'Amérique par C. Colomb ; elle oppose l'Amérique à l'Europe, qu'on nomme parfois le Vieux Monde....

Occidentale (culture) : c'est la culture qui est issuede l'Europe. Les Australiens (mais pas les Aborigènes) sont de culture occidentale même s'ils vivent très loin de l'Europe..

Paludisme : maladie tropicale se caractérisant par de fortes fièvres et transmise par un moustique des marais.

Pays en voie de développement : pays dont l'industrialisation n'est pas encore achevée ; le niveau de vie y est de ce fait moins élevé qu'en France.

Persistante (feuille) : un arbre à feuilles persistantes est un arbre qui ne perd pas toute ses feuilles au même moment. L'arbre est toujours vert, quelle que soit la saison.

Précipitations : pluies, grêles, neige... Toute l'eau qui tombe du ciel sous une forme ou sous une autre.

Préhensile : membre qui peut prendre, saisir comme une main. Se dit de la queue de certains singes, de la trompe des éléphants.

Primates : animaux qui ont pour points communs d'avoir une main, une dentition et une reproduction du même type que celles de l'homme. Les singes sont des primates.

Semi-décidu : synonyme de mésophile.

Sempervirente : se dit d'une forêt dont les arbres ont des feuilles persistantes. Cette forêt est toujours verte.

Sol : c'est la partie supérieure de la terre sur laquelle nous marchons et qui comprend l'essentiel des substances nutritives nécessaires à la croissance végétale.

Sponsor : personne ou entreprise qui participe au financement d'une opération artistique, sportive ou de défense de l'environnement, généralement dans un but publicitaire.

Strate : niveau homogène dû à la taille des plantes. Il y a la strate des arbres, celle des arbustes, celle des herbes...

Substances nutritives : éléments nécessaires à la croissance et à la vie comme l'eau, les minéraux, les graisses...

Sylviculture : culture d'arbres, tout ce qui concerne la gestion de la forêt.

Voûte : lorsque les sommets des arbres se rejoignent, ils forment une voûte.

CRÉDIT PHOTOS

Photos de : Ardea London Ltd 4, 6 ; David Bowden/WPL 40 ; Bruce Coleman Ltd 5, 7, 8,16 gauche, 17, 19 haut, 21, 22 haut et bas, 28 photo principale, 29, 31, 32 haut et bas, 34, 35, 36, 38, 39, 45 ; ICCE 41 bas, 44 bas ; Frank Lane 16 droite ; Oxford Scientific Films 13, 14, 15, 18, 19 bas, 20 haut, 23, 33 haut et bas, 37, 40 bas ; Tony Morrison 10, 13 bas, 15 haut, 20 bas, 24 haut, 27, 28 cartes, 30, 43 ; WWF/UK 44 haut. Illustrations de Brian Watson.

INFORMATIONS DIVERSES

ADRESSES UTILES...

Les Amis de la Terre
15, rue Gambley
75011 Paris
✆ (1) 47 00 05 05

Robin des Bois
15, rue Ferdinand Duval
75004 Paris
✆ (1) 48 04 09 36

Fonds Mondial pour la Nature (WWF France)
151, boulevard de la Reine
78000 Versailles
✆ (1) 39 50 75 14

ET VISITES

La plupart des jardins botaniques possèdent une serre où on peut observer les plantes de la forêt tropicale.

De plus, la Fédération des Parcs Naturels de France peut fournir les adresses des parcs naturels où on peut observer des écosystèmes originaux, à défaut d'être tropicaux... (à moins d'avoir l'occasion d'aller dans les parcs naturels des Antilles, de la Réunion...)

4, rue de Stockhlom
75008 Paris
✆ (1) 42 94 90 84

LIVRES À LIRE

La déforestation, aspects humanitaires
Berger-Levrault, 1986

Christian Küchli
Des forêts pour les hommes
Payot, 1984

Gabriel Rougerie
Les milieux forestiers
Presses universitaires de France, 1985

et dans la même collection

John Baines
Préserver l'atmosphère

John Baines
Les pluies acides

Malcom Penny
Protéger la faune sauvage

Ewan McLeish
Le désert avance

REVUES

Aménagement et nature (présentation de dossiers sur la plupart des problèmes d'environnement).

Nature et ressources.

Naturopa (publication éditée par le conseil de l'Europe).

Environnement (ed. Centre d'information sur l'environnement).

Environnement actualité.

La Hulotte (concerne surtout la protection des animaux).